FALKE
BIBER
HIRSCH
SPECHT
LACHS
BRAUNBÄR

DEIN PERSÖNLICHES
INDIANERHOROSKOP

OTTER

Kenneth Meadows

Illustrationen von Jo Donegan

BAUER

Verlag Hermann Bauer
Freiburg im Breisgau

Die Deutsche Bibliothek – CIP-Einheitsaufnahme

Ein Titeldatensatz für diese Publikation ist bei
Der Deutschen Bibliothek erhältlich

Die amerikanische Originalausgabe erschien 1998 by Dorling Kindersley Limited,
London, unter dem Titel *The Little Library of Earth Medicine*

Konzeptentwicklung: GLS Editorial and Design, London
Redaktion: Jane Laing
Design: Ruth Shane, Luke Herriott
Lektorat: Claire Calman, Terry Burrows, Victoria Sorzano
Illustrationen S. 16, 17, 31: Roy Flooks; S. 38: John Lawrence
Fotoaufnahmen: Mark Hamilton
Fotos S. 8/9, 12, 14/15, 32: American Natural History Museum

Deutsch von Maria Müller, München
Lektorat: Sylvia Schaible

1. Auflage 2000
ISBN 3-7626-0778-8

Satz: Fotosetzerei Scheydecker, Freiburg i. Br.
Druck und Bindung: L. Rex Printing Company Ltd., China
Printed in China

INHALT

EINFÜHRUNG
ERD-MEDIZIN

DIE INDIANER NORDAMERIKAS VERSTEHEN UNTER MEDIZIN KEINE ÄUSSERE SUBSTANZ, SONDERN EINE INNERE KRAFT – SOWOHL IN DER NATUR ALS AUCH IN JEDEM MENSCHEN.

Die Erd-Medizin ist eine einzigartige Methode zur Erstellung eines Persönlichkeitsprofils. Sie beruht auf dem indianischen Verständnis des Universums und den Prinzipien des heiligen Medizinrades.

Die Indianer Nordamerikas glaubten, daß der Geist – wenn auch unsichtbar – die Natur durchdringt, und so war ihnen die ganze Natur heilig. Tiere betrachteten sie als Boten des Geistes. Sie erschienen ihnen auch in Wachträumen und übermittelten Macht und Stärke – die »Medizin«. Wer solche Träume empfing, erwies der Tierart, die ihm erschienen war, seine Ehrerbietung, indem er auf zeremoniellen und Gebrauchsgegenständen ihr Abbild wiedergab.

Die Schamanenrassel
Schamanen verbanden sich mit Hilfe von Rasseln mit ihrem inneren Geist – hier die Rassel eines Tlingit-Schamanen.

DIE NATUR IM MENSCHEN

Die indianischen Schamanen – die weisen Männer des Stammes – erkannten Ähnlichkeiten zwischen den Naturkräften, die in einer bestimmten Jahreszeit

»Der Geist hat dir die Möglichkeit geschenkt, in der Schule der Natur zu lernen.« *Lehre der Stoney*

vorherrschten, und den Menschen, die in dieser Zeit geboren wurden. Zudem entdeckten sie, wie die Persönlichkeit von den vier Mondphasen beeinflußt wird, und zwar sowohl bei der Geburt als auch im Laufe des weiteren Lebens. Auch der ständige Wechsel im Energiefluß von Aktiv zu Passiv wirkt sich auf den Menschen aus. Diese Weltsicht ist die Grundlage der Erd-Medizin; mit ihrer Hilfe können wir erkennen, wie die Dynamik der Natur in uns wirkt und wie wir unsere angeborenen, als Potential bereits vorhandenen Stärken entwickeln können.

Tierornament

Für die Anasazi, die dieses Ornament schnitzten, war der Frosch ein Symbol für Anpassungsfähigkeit.

MEDIZINRÄDER

In den kulturellen Traditionen der Indianer gab es eine Reihe von kreisförmigen Symbolbildern und -objekten. Diese heiligen Kreise wurden Medizinräder genannt – wegen ihrer Ähnlichkeit mit den Speichenrädern der Wagen, die die Siedler ins Herz des Landes brachten, das einst Eigentum der Ureinwohner war. Jedes Medizinrad zeigte die Verbindung zwischen unterschiedlichen Objekten oder Eigenschaften innerhalb eines größeren Ganzen und die Bewegung der verschiedenen Kräfte und Energien darin.

Ein Medizinrad könnte man als das »Meisterrad« betrachten, denn es wies auf das Gleichgewicht der Natur und den besten Weg hin, in Harmonie mit dem Universum und mit sich selbst zu gelangen. Auf diesem Meisterrad baut auch die Erd-Medizin auf (s. S. 10–11).

Festtagsschale

Stilisierte Bären-Schnitzereien schmücken diese Festtagsschale der Tlingit. Bei den Indianern galt der Bär als Symbol für Stärke und Selbständigkeit.

DAS MEDIZINRAD

Das äußere Rad ist in zwölf Geburtszeiten aufgeteilt. Jede hat ihr eigenes Tiertotem und eine Affinität zu einem ganz bestimmten Stein, einem Baum und zu einer Farbe. An der Nabe des Rades liegt – umgeben von Darstellungen der Elemente, der Himmelsrichtungen und des Energieflusses – das Wakan-Tanka, das Symbol der unsichtbaren Energien, die in der physischen Realität Gestalt annehmen.

Jahreszeit der Geburt
Jeder der zwölf Abschnitte des Rades steht in Bezug zu einer bestimmten Zeit des Jahres (s. S. 12–13).

Wakan-Tanka
Mit diesem mächtigen Symbol stellten manche Stämme Energie dar, die Form annimmt (s. S. 24).

Falke
Biber
Osten: Frühling
Hirsch
Hirsch
Specht
Lachs
Braunbär
Süden: Sommer
Stein-Affinität
Jeder Geburtszeit entspricht ein bestimmter Stein (s. S. 14–15).
Baum-Affinität
Jede Geburtszeit hat einen Bezug zu einer bestimmten Baumart (s. S. 14–15).
Geburtstotem
Jede Geburtszeit wird durch ein Tiertotem verkörpert (s. S. 16–17).
Richtungstotem
Jede Geburtszeit steht unter dem Einfluß einer der vier Himmelsrichtungen (s. S. 18–19).
Grundelement
Jede Geburtszeit wird grundlegend von einem der vier Elemente beeinflußt (s. S. 20–21).
Energiefluß
In jeder Geburtszeit fließt Energie im Wechsel zwischen Aktiv und Rezeptiv (s. S. 24).
Elementaspekt
Jede Geburtszeit hat ihren eigenen Elementaspekt (s. S. 20–21).

DIE ZWÖLF GEBURTSZEITEN

DIE STRUKTUR DES MEDIZINRADES BAUT AUF DEN JAHRESZEITEN AUF UND SPIEGELT SO DEN MÄCHTIGEN EINFLUSS DER NATUR AUF DIE PERSÖNLICHKEIT DES MENSCHEN WIDER.

Das Medizinrad unterteilt die menschliche Natur in zwölf Persönlichkeitstypen; jeder Typ entspricht der Natur zu einer bestimmten Zeit des Jahres. Das Medizinrad ist eine Art Landkarte, mit deren Hilfe wir unsere Stärken und Schwächen, unsere inneren Triebe, instinktiven Verhaltensweisen und auch unser wahres Potential entdecken können.

Grundlage dieser Struktur sind die vier Jahreszeiten, unterteilt durch Winter- und Sommersonnenwende sowie Frühlings- und Herbst-Tagundnachtgleiche. Jede Jahreszeit steht als Metapher für eine Phase der menschlichen Entwicklung. Der Frühling ähnelt der Kindheit, dem neuen Leben. Der Sommer entspricht der Überschwenglichkeit der Jugend und dem raschen Wachstum. Der Herbst wiederum steht für die Fülle und Erfüllung des reifen Lebens als Erwachsener, während der Winter die angesammelte Weisheit symbolisiert, auf die wir später im Leben zurückgreifen können.

Jahreszeiten-Riten

Bei der Zeremonie zur Wintersonnenwende trugen die Irokesen Masken aus geflochtenen Maishülsen. Sie stimmten sich im Tanz auf die Energien ein, die für eine gute Ernte sorgen sollten.

Jede der vier Jahreszeiten im Medizinrad wird wiederum in drei Perioden unterteilt, so daß insgesamt zwölf Abschnitte entstehen. Die Zeit der Geburt bestimmt die Richtung, aus der wir das Leben wahrnehmen, und die Eigenschaften

DIE ZWÖLF ZEITABSCHNITTE

der Natur in dieser Jahreszeit spiegeln sich in der Kernpersönlichkeit wider.

Jeder der zwölf Zeitabschnitte – oder jede Geburtszeit – wird nach einer Eigenschaft, einem besonderen Kennzeichen des Jahreszyklus benannt. So heißt etwa die Zeit nach der Frühlings-Tagundnachtgleiche Zeit des Erwachens, denn jetzt ist neues Wachstum angesagt; die Zeit nach der Herbst-Tagundnachtgleiche verdankt ihren Namen den fallenden Blättern, die für sie so charakteristisch sind.

DIE BEDEUTUNG DER TOTEMS

DIE INDIANER NORDAMERIKAS GLAUBTEN, DASS TOTEMS – ALSO TIERSYMBOLE – ESSENTIELLE WAHRHEITEN UND DIE VERBINDUNG ZU DEN KRÄFTEN DER NATUR VERKÖRPERN.

Ein Totem ist ein Tier bzw. ein natürliches Objekt, das wie ein Emblem bestimmte typische Eigenschaften verkörpert. Für die Indianer waren Tiere, deren Verhalten vorhersehbar ist, besonders hilfreich für die Kategorisierung von menschlichen Verhaltensmustern.

Ein Totem spiegelt bestimmte Aspekte der Persönlichkeit wider und ist ein Schlüssel zum intuitiven Wissen, das jenseits allen intellektuellen Denkvermögens liegt. Ein Totem kann geschnitzt oder auf andere Art gestaltet sein, ein Bildnis oder z.B. ein Stück Fell, eine Feder, ein Knochen, ein Zahn oder eine Klaue. Es dient als unmittelbare Verbindung zu den Energien, für die es steht. Deshalb ist ein Totem wirksamer als etwa eine Skulptur oder ein Symbol, um die nicht-physischen Mächte und gestaltenden Kräfte zu verstehen.

HAUPTTOTEMS

In der Erd-Medizin gibt es drei Haupttotems: ein Geburtstotem, ein Richtungstotem und ein Elementtotem. Das *Geburtstotem* verkörpert die Grundeigenschaften eines Menschen; sie entsprechen den dominanten Aspekten der Natur zur Zeit seiner Geburt.

Alle zwölf Geburtstotems, die sich jeweils auf eine bestimmte Geburts-

Symbol der Stärke

In den Griff dieses Messers der Tlingit sind der Kopf eines Raben und eines Bären geschnitzt, Symbole der Einsicht und Stärke.

Siegertotem
Häuptlinge oder Krieger der Fox-Indianer trugen ein Halsband aus Bärenklauen.

zeit beziehen, werden auf den Seiten 16–17 beschrieben.

Mit dem *Richtungstotem* stimmen wir uns auf die inneren Sinne ein, die über die Hauptantriebskraft unserer Bemühungen bestimmen. Jede der vier Jahreszeiten auf dem Medizinrad entspricht einer der vier Himmelsrichtungen, und jede Himmelsrichtung wird wiederum durch ein Totem verkörpert. So wird z. B. der Frühling mit dem Osten gleichgesetzt, wo die Sonne aufgeht. Er steht für eine neue Sicht der Dinge; sein Totem ist der Adler. Die vier Richtungstotems werden auf den Seiten 18–19 erläutert.

Das *Elementtotem* steht in einem Bezug zu instinktiven Verhaltensweisen. Die Grundeigenschaften der vier Elemente – Feuer, Wasser, Erde und Luft – sowie ihre Totems werden auf den Seiten 20–21 ausführlich erklärt.

Drei Affinitäten

Jede Geburtszeit hat außerdem eine Affinität zu einem bestimmten Stein, einem Baum und einer Farbe (s. S. 36–41). Über diese drei Affinitäten läßt sich in schwierigen Zeiten neue Kraft schöpfen.

»Wenn ein Mensch Erfolg haben will, sollte er sich nicht von seinen Neigungen leiten lassen, sondern von seinem Wissen um das Wesen der Tiere …« *Lehre der Teton-Sioux*

DIE ZWÖLF GEBURTSTOTEMS

JEDE DER ZWÖLF GEBURTSZEITEN WIRD DURCH EIN TOTEM VERKÖRPERT – DURCH EIN TIER, DAS DIE FÜR SIE TYPISCHEN EIGENSCHAFTEN AM BESTEN ZUM AUSDRUCK BRINGT.

Die Erd-Medizin verbindet mit jeder Geburtszeit ein Totem. Jeder Abschnitt umfaßt zwei Zeitspannen – für die nördliche und die südliche Hemisphäre. Diese Totemtiere unterstützen die Verbindung zu den jeweiligen Kräften und Fähigkeiten, für die sie stehen. Eine detaillierte Beschreibung des Otter-Geburtstotems findet sich auf den Seiten 28–29.

FALKE

21. März – 19. April (N. Hem.)
22. Sept. – 22. Okt. (S. Hem.)

Falken ergreifen gern die Initiative, sind aber mit ihren Entschlüssen oft etwas voreilig, so daß sie sie später bedauern. Sie sind lebhaft und extrovertiert und lassen sich leicht für neue Erfahrungen begeistern, aber manchmal fehlt es ihnen an Durchhaltevermögen.

BIBER

20. April – 20. Mai (N. Hem.)
23. Okt. – 22. Nov. (S. Hem.)

Biber sind praktisch veranlagt und beständig, zudem ziemlich ausdauernd und beharrlich. Sie sind gut im Haushalt, voller Wärme und Zärtlichkeit, brauchen jedoch Harmonie und Frieden, um nicht reizbar zu werden. Sie haben einen stark ausgeprägten Sinn für Ästhetik.

HIRSCH

21. Mai – 20. Juni (N. Hem.)
23. Nov. – 21. Dez. (S. Hem.)

Der Hirsch ist bereit, das Alte dem Neuen zu opfern. Er verabscheut jegliche Routine, blüht auf bei Abwechslung und Herausforderungen. Hirsche haben auch eine wilde Seite, sie sind sprunghaft und stürzen sich oft unüberlegt von einer Sache oder Beziehung in die nächste.

SPECHT

21. Juni – 21. Juli (N. Hem.)
22. Dez. – 19. Jan. (S. Hem.)

Mit ihrer Emotionalität und Sensibilität bringen Spechte ihnen nahestehenden Menschen viel Wärme entgegen, stellen auch bereitwillig ihre Bedürfnisse gegenüber deren Wünschen zurück. Sie haben eine lebhafte Phantasie, neigen aber auch dazu, sich zu viele Sorgen zu machen.

LACHS

22. Juli – 21. August (N. Hem.)
20. Jan. – 18. Febr. (S. Hem.)

Lachs-Geborene sind begeisterungsfähig und voller Selbstvertrauen. Sie haben gern das Sagen, sind kompromißlos und voller Kraft; manchmal wirken sie ein wenig arrogant oder nehmen sich selbst zu wichtig. Wenn sie sich vernachlässigt fühlen, sind sie schnell verletzt.

BRAUNBÄR

22. Aug. – 21. Sept. (N. Hem.)
19. Febr. – 20. März (S. Hem.)

Braunbären sind hart arbeitende, praktisch veranlagte und selbstbewußte Menschen. Wandel und Veränderung mögen sie nicht besonders; sie halten sich lieber an Altbekanntes und Vertrautes. Braunbär-Geborene bringen gern Dinge in Ordnung; sie sind gutmütig und gute Freunde.

KRÄHE

22. Sept. – 22. Okt. (N. Hem.)
21. März – 19. April (S. Hem.)

Krähen sind nicht gern allein, sondern fühlen sich in Gesellschaft am wohlsten. Normalerweise sind sie gutmütige und angenehme Zeitgenossen, doch in einer negativen Atmosphäre werden sie leicht kratzbürstig und trübselig.

SCHLANGE

23. Okt. – 22. Nov. (N. Hem.)
20. April – 20. Mai (S. Hem.)

Im Zeichen der Schlange Geborene sind verschlossene, mysteriöse Menschen, die ihre Gefühle hinter einem kühlen Äußeren verbergen. Dank ihrer Anpassungsfähigkeit, Entschlußkraft und Phantasie kommen sie auch in schwierigen Lebenssituationen immer wieder auf die Beine.

EULE

23. Nov. – 21. Dez. (N. Hem.)
21. Mai – 20. Juni (S. Hem.)

Eulen haben ein starkes Bedürfnis, sich frei auszudrücken. Sie sind lebhafte Menschen voller Selbstvertrauen und haben einen guten Blick fürs Detail. Sie sind wißbegierig und anpassungsfähig, neigen aber auch dazu, sich selbst zu überfordern. Oft sind Eulen-Menschen auch sehr mutig.

GANS

22. Dez. – 19. Jan. (N. Hem.)
21. Juni – 21. Juli (S. Hem.)

Gans-Menschen sind Idealisten mit Weitblick und bereit, das Unbekannte zu erforschen. Sie gehen das Leben mit Enthusiasmus an, entschlossen, ihre Träume zu verwirklichen. Gans-Geborene haben einen Hang zum Perfektionismus und wirken manchmal gar zu ernsthaft.

OTTER

20. Jan. – 18. Febr. (N. Hem.)
22. Juli – 21. Aug. (S. Hem.)

Otter-Geborene sind freundliche, lebhafte und einfühlsame Menschen. Durch zu viele Regeln und Vorschriften fühlen sie sich behindert; deshalb machen sie oft einen etwas exzentrischen Eindruck. Sie schätzen Sauberkeit und Ordnung und haben originelle Ideen.

WOLF

19. Febr. – 20. März (N. Hem.)
22. Aug. – 21. Sept. (S. Hem.)

Wolf-Menschen sind sensibel, intuitiv und künstlerisch veranlagt; an sie wendet man sich gern, wenn man Hilfe braucht. Sie schätzen die Freiheit und ihren Freiraum, lassen sich aber leicht von anderen beeinflussen. Sie haben eine philosophische Ader, sind vertrauensvoll und aufrichtig.

DER EINFLUSS DER HIMMELSRICHTUNGEN

DER EINFLUSS DER VIER HIMMELSRICHTUNGEN – VON DEN INDIANERN NORDAMERIKAS AUCH DIE VIER WINDE GENANNT – WIRD ÜBER INNERE EMPFINDUNGEN WAHRGENOMMEN.

Die vier Himmelsrichtungen, die »Hüter« bzw. »Behüter« des Universums, wurden von den Indianern auch als die vier Winde bezeichnet, da ihre Präsenz eher gespürt als gesehen werden kann.

RICHTUNGSTOTEMS

In der Erd-Medizin ist jeder Himmelsrichtung bzw. jedem Wind eine Jahreszeit und eine Tageszeit zugeordnet. Die winterlichen Geburtszeiten – die Zeit der Erneuerung, der Reinigung und der Stürmischen Winde – gehören alle zum Norden und zur Nacht. Die Himmelsrichtung der Geburtszeit beeinflußt die Natur der inneren Empfindungen.

Der Osten ist die Himmelsrichtung des Frühlings und des Morgens; er wird mit Licht und Erleuchtung assoziiert. Sein Totem ist der Adler – ein Vogel, der hoch zur Sonne aufsteigt und aus der Höhe alles klar sehen kann.

Der Süden ist die Himmelsrichtung des Sommers und des Nachmittags. Er steht in einem Bezug zu Wachstum und Erfüllung, Fließendem und Emotionen. Sein Totem, die Maus, gilt als Symbol für

»Denke daran … der Kreis des Himmels, die Sterne, die übernatürlichen Winde, die Tag und Nacht atmen … die vier Himmelsrichtungen.« *Lehre der Pawnee*

Die vier Himmelsrichtungen

Jede Himmelsrichtung steht in Beziehung zu einer Jahreszeit, einer Tageszeit und auch zu einer Grundfunktion: der Osten zu Entscheiden, der Süden zu Geben, der Westen zu Halten und der Norden zu Empfangen.

Fruchtbarkeit, Gefühle und für die Gabe der detaillierten Wahrnehmung.

Der Westen ist die Himmelsrichtung des Herbstes und des Abends. Er steht für Transformation – vom Tag zur Nacht, vom Sommer zum Winter – und die Fähigkeit zur Innenschau, zum Bewahren und Erhalten. Das Totem des Westens ist der Grizzlybär, der innere Kraft verkörpert.

Der Norden schließlich ist die Himmelsrichtung des Winters und der Nacht; er entspricht dem Geist und geistiger »Nahrung« – also Wissen. Sein Totem ist der von den Indianern hoch verehrte Büffel.

DER EINFLUSS DER ELEMENTE

DIE VIER ELEMENTE – LUFT, FEUER, WASSER UND ERDE – DURCHDRINGEN ALLES UND WEISEN AUF DIE NATUR DER BEWEGUNG UND DIE ESSENZ DESSEN HIN, DER DU BIST.

Die Elemente sind nicht greifbare Qualitäten, die den essentiellen Zustand oder Charakter von allem, was ist, beschreiben. In der Erd-Medizin sind die vier Elemente mit vier Grundformen der Aktivität verbunden und weisen auf unterschiedliche Aspekte des Selbst hin. Luft drückt die freie Bewegung in alle Richtungen aus; sie steht mit dem Verstand und dem Denken in Verbindung. Feuer deutet auf expansive Bewegung hin und hat einen Bezug

Elementprofil

Die Element-Konfiguration des Otters ist Luft von Luft. Grundelement und Elementaspekt sind hier also gleich.

zur geistigen Ebene und zur Intuition. Wasser bedeutet Fließen; es steht mit der Seele und den Emotionen in Beziehung. Die Erde schließlich symbolisiert Stabilität und entspricht dem physischen Körper und den Empfindungen.

Zuordnung der Elemente

Auf dem Medizinrad steht jedes Element für eine Himmelsrichtung – Feuer im Osten, Erde im Westen, Luft im Norden und Wasser im Süden. Dies sind die vier Grundelemente. Dann gibt es noch die Elementaspekte, nämlich die Verbindung der vier Elemente mit den zwölf einzelnen Geburtszeiten. Sie folgen im Medizinrad zyklisch aufeinander, Grundlage ist die Einwirkung der Sonne (Feuer) auf die Erde, woraus Atmosphäre (Luft) und Kondensation (Wasser) entstehen.

Die drei Geburtszeiten, die einen Elementaspekt gemeinsam haben, gehören der gleichen Elemente-Familie bzw. einem »Klan« an und haben ein Totem, das die wesentlichen Eigenschaften aufzeigt. Otter-Geborene gehören zum Schmetterlings-Klan (s. S. 34–35).

Elementbetonung

Bei jeder Geburtszeit dominieren normalerweise die Eigenschaften des Elementaspektes diejenigen des Grundelementes, obgleich beide zu der ganz speziellen Konfiguration beitragen (für den Otter s. S. 34–35). Bei Falke, Specht und Otter sind das Grundelement und der Elementaspekt identisch (z. B. Luft von Luft); Menschen mit diesen Totems verleihen ihrem Element einen sehr intensiven Ausdruck.

DER EINFLUSS DES MONDES

DER ZU- UND ABNEHMENDE MOND WÄHREND DER VIER MONDPHASEN WIRKT ENTSCHEIDEND AUF DIE PERSÖNLICHKEITSBILDUNG UND DAS STREBEN DES MENSCHEN EIN.

Für die Indianer zeigten Sonne und Mond die aktiven bzw. rezeptiven, also empfangenden Energien in der Natur (s. S. 24) an. Mit ihrer Hilfe wurde auch die Zeit »gemessen«. Der Einfluß der Sonne wurde mit bewußter Aktivität, mit Verstand und Willenskraft in Verbindung gebracht; der Einfluß des Mondes stand für unbewußte Aktivität und für die emotionalen und intuitiven Aspekte der menschlichen Natur.

Der zunehmende Mond

Diese Mondphase dauert ungefähr elf Tage an. Sie leitet eine Zeit des Wachstums ein und ist somit ideal für das Entwickeln neuer Ideen und die Konzentration auf neue Projekte.

Der Vollmond

In der Vollmondphase – ungefähr drei Tage – erreicht die Kraft des Mondes ihren Höhepunkt. Jetzt kann das, was in der zunehmenden Mondphase entwickelt wurde, vollendet werden.

DIE VIER MONDPHASEN

Der 29tägige Mondzyklus ist in vier Phasen unterteilt. Jede Phase ist Ausdruck einer bestimmten Form von Energie, vergleichbar mit den Wachstumsphasen einer Blütenpflanze im Lauf der Jahreszeiten: knospen (zunehmender Mond), volle Blüte (Vollmond), verwelken (abnehmender Mond) und keimen (Neumond). Der Einfluß dieser Phasen macht sich in der Entwicklung der Persönlichkeit, aber auch im Alltag bemerkbar.

Die Energie des Mondes zum Zeitpunkt der Geburt wirkt sich stark auf die Persönlichkeit aus. So sind beispielsweise Menschen, die bei Neumond geboren wurden, eher introvertiert, während Vollmond-Geborene sich im allgemeinen stärker nach außen orientieren. Wer bei zunehmendem Mond geboren wurde, ist eher extrovertiert, wer bei abnehmendem Mond zur Welt kam, dagegen eher reserviert und zurückhaltend. Mit Hilfe einer Mondtabelle kann jeder seinen persönlichen Mondstand am Tag der Geburt herausfinden.

Auch auf den Alltag kann sich eine harmonische Einstimmung auf die Mondphasen sehr positiv auswirken. Durch bewußtes Arbeiten mit den vier Phasen lassen sich die jeweiligen Energien erfahren. Die Abbildungen und Texte unten beschreiben eine indianische Sichtweise der Auswirkungen der vier Phasen des Mondes auf das Leben des Menschen.

Der abnehmende Mond

Dies ist die Zeit für Veränderungen. Diese Phase – etwa elf Tage – eignet sich gut für Verbesserungen, Umstellungen und um unnötigen Ballast abzuwerfen.

Der Neumond

Ungefähr vier Tage lang ist der Mond vom Himmel verschwunden. Dies ist die Zeit für kontemplative Betrachtung des Erreichten und für das Keimen von Neuem.

DER EINFLUSS DES ENERGIEFLUSSES

DAS MEDIZINRAD SPIEGELT DAS VOLLKOMMENE GLEICHGEWICHT DER AKTIVEN UND REZEPTIVEN ENERGIEN WIDER, DIE EINANDER IN DER NATUR ERGÄNZEN.

Energie durchfließt die Natur auf zwei komplementäre Arten, die man als aktiv und rezeptiv bzw. männlich und weiblich bezeichnen kann. Das aktive Energieprinzip hat einen Bezug zu den Elementen Feuer und Luft, das rezeptive Prinzip zu Wasser und Erde.

Bei allen zwölf Geburtszeiten ist eine aktive oder rezeptive Energie mit dem jeweiligen Elementaspekt verbunden. Die beiden Energieprinzipien wechseln einander auf dem Medizinrad ab und schaffen so ein Gleichgewicht von aktiven und rezeptiven Energien, wie es auch in der Natur besteht.

Aktive Energie entspricht der Sonne und bewußtem Handeln. Unter diesem Prinzip geborene Menschen streben nach Erfahrung. Sie sind begrifflich orientiert, tatkräftig, extrovertiert, praktisch veranlagt und denken analytisch. Die rezeptive Energie wird mit dem Mond in Verbindung gebracht sowie mit unbewußtem Handeln. Solche Menschen lassen Erfahrungen lieber auf sich zukommen. Sie sind intuitiv, nachdenklich und emotional veranlagt, wollen umsorgen und bewahren.

DAS WAKAN-TANKA

Im Herzen des Medizinrades liegt in einem Kreis die S-Form, das Symbol für die Quelle, die allem Leben spendet, was auch immer eine physische Form annimmt – scheinbar aus dem Nichts. Die Prärie-Indianer Nordamerikas nannten es Wakan-Tanka – die Große Macht. Diese Kraft läßt sich auch als Energie verstehen, die Form annimmt, oder als Form, die wieder zu Energie wird – im unendlichen Fluß des Lebens.

DER OTTER

DEIN PERSÖNLICHKEITS-PROFIL

Jahreszeit der Geburt

Zeit der Reinigung

In der zweiten Geburtszeit des Winters erreicht seine belebende Natur ihren Höhepunkt und verleiht den Otter-Geborenen ihren Enthusiasmus und Idealismus.

Die Zeit der Reinigung gehört zu den zwölf Geburtszeiten, die das Jahr in zwölf Jahreszeiten-Abschnitte unterteilen (s. S. 12–13). Diese mittlere Periode des Winterzyklus ist die Jahreszeit der belebenden Luft, in der auch die Kraft der Sonne spürbar zunimmt. Dadurch beginnt unter der Erdoberfläche bereits die Vorbereitung auf das neue Leben.

Einfluss der Natur

Die charakteristischen Eigenschaften der Natur zu diesem Zeitpunkt zeigen sich auch in der Natur des Menschen, der in dieser Zeit das Licht der Welt erblickt. So wie sich die Erde in der Zeit der Reinigung auf das neue Wachstum im Frühling vorbereitet, hat auch der Otter-Mensch ein starkes Bedürfnis, vorausschauend zu planen und sowohl sein Leben als auch das der anderen zu organisieren. Er zeichnet sich zudem durch einen innovativen und lebhaften Geist, eine extrovertierte, unabhängige Natur und ein übersprudelndes Temperament aus, das voll und ganz zu den frischen, belebenden Winden dieser Jahreszeit paßt.

Viele Indianerstämme feierten etwa in der Mitte dieser Periode das Erwachen der Natur mit einer bedeutsamen Zeremonie – einem Fest der Reinigung, wie es viele alte Kulturen kannten. Die Teilnehmer ließen symbolisch alles los, was nicht länger gebraucht wurde. Auch »schlechte« Gefühle, kleine Ängste, Eifersüchteleien und üble Gewohnheiten wurden vertrieben, indem ein Stock oder ein Getreidekorn als Symbol für das jeweilige Gefühl ins Feuer geworfen und von den Flammen verzehrt wurde.

Lebensphase

Diese Zeit des Jahres entspricht der Reife der späteren Lebensjahre; entwicklungsgeschichtlich gesehen, bringt diese Lebensphase ein starkes Gefühl der Unabhängigkeit und gut ausgebildete moralische Werte hervor. Es ist eine Zeit des Selbstbewußtseins; überholte Regeln, Vorschriften und unethische Verhaltensweisen lösen Widerwillen aus. Ein starker Wunsch, durch gesellschaftliche Reformen mehr Chancengleichheit, Gerechtigkeit und Toleranz für andere zu erreichen, stellt sich ein.

Sein Potential verwirklichen

Otter-Geborene sind Idealisten mit originellen Ideen. Sie wollen die Lebensqualität aller Menschen verbessern und die Schönheit der Erde bewahren. Doch auch wenn sie wegen ihrer selbstlosen Absichten von allen bewundert werden, sollten sie nicht vergessen, daß nicht alle ihre Vorstellungen realisierbar sind, und Ablehnung nicht zu schwer nehmen. An Ideen und guten Gründen wird es ihnen ohnehin nie fehlen.

Otter können gut organisieren, sowohl in bezug auf Menschen als auch auf Aktivitäten. Doch damit ihr lebhafter, analytischer Geist effizient arbeiten kann, brauchen sie zu Hause und am Arbeitsplatz eine gepflegte Umgebung.

Die Energie der Natur

In diesem mittleren Winterzyklus ist die Natur immer noch karg und unwirtlich. Die scharfen, schneidenden Winde reinigen und beleben zusammen mit der zunehmenden Kraft der Sonne die Erde und bereiten sie auf den Frühling vor.

»Das Leben ist ein Kreis von Kindheit zu Kindheit; so ist es mit allem, in dem Kraft fließt.« *Lehre des Black Elk*

DAS GEBURTSTOTEM
DER OTTER

DAS WESEN UND DAS CHARAKTERISTISCHE VERHALTEN DES OTTERS SIND AUSDRUCK DER PERSÖNLICHKEIT VON MENSCHEN, DIE IN DER ZEIT DER REINIGUNG GEBOREN WERDEN.

Wie ihr Totemtier, der Otter, sind Menschen, die in der Zeit der Reinigung geboren werden, konstruktiv, freundlich, anpassungsfähig und erfinderisch. Mit ihrer Neigung zum Analysieren, zu Toleranz und zu Reformen fühlen sie sich wohl in einem frei denkenden, aber geordneten Umfeld.

Otter-Geborene sind unabhängig und gesellig, großzügig und originell. Sie denken analytisch, sind wißbegierig und haben viel Organisationstalent. Ihrer Kreativität und Dynamik verdanken sie viele ungewöhnliche Ideen, die sie – wenn immer das möglich ist – ohne Zögern in die Tat umsetzen.

Otter sind freiheitsliebende Individualisten, setzen sich aber auch oft für das Wohl der anderen ein. Ihre Menschenfreundlichkeit und ihr Reformeifer bewirken, daß sie sich gern sozial engagieren.

GESUNDHEIT

Durch ihr Interesse an alternativen Heilansätzen, gesunder Ernährung und regelmäßigem Training sind Otter körperlich gut in Form. Am anfälligsten für Krankheiten ist ihr Kreislauf; wenn sie älter werden, können sie außerdem unter Krampfadern und Arterienverkalkung leiden.

Otter-Stärke

Der selbstsichere, verspielte Otter bringt auch die Anpassungsfähigkeit der reformfreudigen Otter-Menschen zum Ausdruck.

Der Otter und Beziehungen

Die freundlichen, lebhaften Otter-Menschen sind sehr beliebt und verträgliche und anpassungsfähige Partner, empfinden Verpflichtungen jedoch leicht als Zwang.

Wie bei ihrem Totemtier macht der Umgang mit den verspielten und neugierigen Otter-Geborenen meist viel Spaß. Durch ihren Erfindungsreichtum und ihre originellen Ideen sind sie anregende Gesprächspartner; zugleich werden sie dank ihres rücksichtsvollen Wesens als Freunde geschätzt. Doch ihre Impulsivität und ihr schwer einzuschätzendes Verhalten können auch verwirren. Vor allem im Berufsleben und bei gemeinsamen Projekten sind sie aufgrund ihres respektlosen Umgangs mit Regeln und Vorschriften eher unbequeme Zeitgenossen.

Liebesbeziehungen

Otter-Menschen sind zwar gesellig und rücksichtsvoll, schätzen aber ihre Freiheit über alles und halten lieber etwas Distanz. Der offene, tolerante Otter-Mann wird nur schwer seßhaft; die Otter-Frau ist zärtlich, verbirgt aber oft ihre Gefühle. Beide können aufregende Liebespartner sein, aber mangelnde Gefühlstiefe kann das Liebesleben oberflächlich machen.

Probleme sind oft auf die rastlose Natur der Otter-Geborenen zurückzuführen, die den Partner verunsichern kann. Auch ihr starkes Selbstvertrauen und ihre Freiheitsliebe können dem anderen das Gefühl vermitteln, überflüssig zu sein. Ein bißchen mehr Gefühle zeigen könnte nicht schaden.

Umgang mit dem Otter

Otter-Menschen sind geistig sehr beweglich und langweilen sich schnell. Wer sich also ihre Aufmerksamkeit erhalten möchte, sollte lieber nicht ins Schwafeln geraten. Sie wollen unterhalten werden, dann bleiben sie bei der Sache. Zu viele Regeln machen sie rebellisch; sie brauchen ihren Freiraum.

DER OTTER UND DIE LIEBE

Otter und Falke: Wenn es diesen beiden gelingt, ihr Liebesleben mit ihren geistigen Gemeinsamkeiten in Einklang zu bringen, können sie eine sehr anregende und befriedigende Beziehung führen.

Otter und Biber: Die anfänglich vielleicht sinnliche Beziehung kann schnell in anderen Lebensbereichen zu Uneinigkeit führen.

Otter und Hirsch: Da beide lebhaft und freundlich sind, dürften sie gut miteinander auskommen.

Otter und Specht: Nach anfänglicher Leidenschaft kann das Zusammenleben mit einem Specht etwas verzwickt sein, vor allem wenn der Otter mit seinem unkonventionellen Verhalten den Specht in Verwirrung stürzt.

Otter und Lachs: Keine einfache Beziehung, doch beide haben die Fähigkeit, ihre Unterschiede auszugleichen.

Otter und Braunbär: Vielleicht versetzt das Liebesleben der beiden nicht unbedingt Berge, aber durch die vielen Gemeinsamkeiten können sie eine dauerhafte Beziehung aufbauen.

Otter und Krähe: Dieses Paar findet leicht zu Intimität und Nähe, doch für den Krähen-Partner ist die Unstetigkeit des Otters ein wenig anstrengend.

Otter und Schlange: Damit diese Partnerschaft Bestand hat, sind Mitgefühl und Rücksicht erforderlich – doch beide dürften für Kompromisse zu stur sein.

Otter und Eule: Am Anfang ist es vielleicht nur Freundschaft, daraus kann sich aber eine leidenschaftliche und romantische Beziehung entwickeln.

Otter und Gans: Obwohl es sexuell zwischen den beiden funken kann, hat diese Verbindung auf die Dauer nur eine Chance, wenn beide Geduld füreinander aufbringen.

Otter und Otter: Beide Partner glauben, daß Liebe auf Freundschaft beruht; das Zusammenleben mag nicht sehr leidenschaftlich sein, aber sie fühlen sich wohl miteinander, und das kann halten.

Otter und Wolf: Der Otter ist wohl etwas zu direkt und zu ruppig, um dem sensiblen Wolf die Zuneigung und Zärtlichkeit entgegenzubringen, die er so dringend ersehnt.

DAS RICHTUNGSTOTEM
DER BÜFFEL

DER BÜFFEL SYMBOLISIERT DEN EINFLUSS DES NORDENS AUF OTTER-GEBORENE, DEREN GEISTIGE BEWEGLICHKEIT ZU IHRER RASTLOSIGKEIT FÜHRT.

Büffelschädel
Dieser von den Blackfeet bemalte Büffelschädel repräsentiert den Büffel, der einst als Sinnbild für das Erhalten und Nähren von Geist und Körper galt.

Die Zeit der Erneuerung, die Zeit der Reinigung und der Stürmischen Winde liegen auf dem Medizinrad alle in dem Viertel, das dem Norden bzw. dem Nordwind zugeordnet ist.

Der Norden entspricht dem Winter und der Nacht; er steht für Geduld, für Energie, die unter der Oberfläche verborgen ist, und für Reinheit und Erneuerung. Er entspricht der Vorbereitung auf neues Leben und neue Gedanken – der besinnlichen Stille, die der Wiedergeburt und der Zeit des raschen Wachstums vorausgeht. Die Kraft des Nordens wirkt sich vor allem auf den Geist und die Weisheit aus; sie ist hauptsächlich eine nährende Kraft. Sein Totem ist der von den Indianern einst hoch verehrte lebenserhaltende Büffel.

Der besondere Einfluß des Nordens auf Otter-Menschen liegt in der Bedeutung von Schweigen, Zuhören und Innehalten. Die Kraft des Nordens ist die des neuen Lebens, das Ruhe braucht, bevor es sich entfalten kann. Der Norden verkörpert auch die Fähigkeit, wieder zu innerer Stärke zu gelangen.

BÜFFEL-EIGENSCHAFTEN

Der Büffel war das Tier, das die Indianer mehr schätzten und verehrten als jedes andere, denn das Überleben vieler Stämme hing von ihm ab. Jeder Teil des Büffels fand bei ihnen Verwendung – das

Der Geist des Nordens

Die Kraft des Nordens wirkt im Verborgenen – wie die Saat, die im Winter in der Erde ruht, bevor sie zu neuem Leben erwacht. Das Büffeltotem verkörpert die Fähigkeit, sich ganz zu geben.

Fleisch als Nahrung, das Fell als Kleidung und Schutz und sogar die Knochen als Werkzeuge und Gerätschaften. So galt der Büffel als Symbol für den Geist, der bereit ist, alles zu geben. Außerdem verfügen Menschen mit diesem Richtungstotem zumeist über einen klaren Verstand, Gelassenheit, Weisheit und die Kraft, ihre Energie aus ihren eigenen inneren Ressourcen immer wieder zu erneuern.

DAS ELEMENTTOTEM
DER SCHMETTERLING

WIE DER SCHMETTERLING, DER VON ORT ZU ORT FLATTERT, HABEN AUCH OTTER-MENSCHEN EIN RASTLOSES WESEN; SIE BRAUCHEN ABWECHSLUNG UND VIEL HANDLUNGSSPIELRAUM.

Der Elementaspekt des Otters – wie auch der von Hirsch und Krähe – ist Luft. Alle drei Zeichen gehören also zur gleichen Elemente-Familie bzw. zu einem »Klan« (s. »Der Einfluß der Elemente«, S. 20–21).

Freiheit des Wandels

Der Schmetterling symbolisiert die Grundeigenschaft des Elements Luft: freie Bewegung.

DER SCHMETTERLINGS-KLAN

Das Totem jedes Klans gibt Einblick in die wesentlichen Eigenschaften. Das Totem des Elemente-Klans Luft ist der Schmetterling; er steht für eine lebhafte, rastlose und wechselhafte Natur.

Der Schmetterling flattert von hier nach da, immer auf der Suche nach Abwechslung; er läßt sich nur in einer harmonischen Atmosphäre nieder. Wer zu diesem Klan gehört, hat also eine lebhafte Persönlichkeit und ist dauernd in Bewegung – körperlich, geistig und emotional.

Menschen des Schmetterlings-Klans sind geistesgegenwärtig, nachdenklich und phantasievoll – immer voller Ideen, die sie begeistert weitererzählen. Sie lassen sich nur sehr ungern körperlich oder geistig einschränken. Sie sind schnell und ungeduldig, sehnen sich nach Anregungen und Ausdrucksmöglichkeiten.

Luft von Luft

Luft von Luft schafft geistige Beweglichkeit und gute Kommunikationsfähigkeiten.

Elementprofil

Bei Otter-Menschen wird der vorherrschende Elementaspekt – wechselhafte Luft – durch die Eigenschaften des Grundelements – ebenfalls Luft – noch verstärkt. Wer in dieser Zeit geboren wurde, ist also zumeist geistig sehr beweglich, kreativ und kommunikativ, ein Pionier des Wandels und der Umsetzung von kreativen Ideen in die greifbare Realität. Solche Menschen fangen ständig etwas Neues an und gehen mit ihrer Energie verschwenderisch um. Dabei werden sie getrieben von dem unbändigen Drang zu verändern, der der Luft-von-Luft-Konfiguration zu eigen ist. So geraten sie manchmal vom Weg ab, bevor das Ziel erreicht ist, und fühlen sich dann leer und unerfüllt.

In solchen Zeiten oder wenn sie sich schlecht und kraftlos fühlen, kann die folgende Revitalisierungs-Übung helfen: An einem Platz im Freien – abseits von Verkehrslärm und Hektik – atmest du ein paar Minuten lang langsam und tief ein und aus.

Bei jedem Einatmen machst du dir bewußt, daß du erquickende Lebenskraft in dich aufnimmst, die von jeder deiner Zellen absorbiert wird und den ganzen Körper erfrischt und belebt.

STEIN-AFFINITÄT
TÜRKIS

MIT HILFE DES EDELSTEINS, DER MIT UNSEREM UREIGENEN WESEN IN RESONANZ STEHT, KÖNNEN WIR UNS DIE KRAFT DER ERDE ERSCHLIESSEN UND UNSERE INNEREN STÄRKEN ERWECKEN.

Edelsteine sind in der Erde entstandene Mineralien; dieser Prozeß verläuft äußerst langsam, aber kontinuierlich. Die Indianer schätzten diese Steine nicht nur wegen ihrer Schönheit, sondern auch weil sie buchstäblich Teil der Erde sind und so auch deren Lebenskraft in sich tragen. Für sie waren Edelsteine »lebendige« Energieleitsysteme, die auf unterschiedlichste Weise eingesetzt werden konnten – zum Heilen, zum Schutz oder zum Meditieren.

Jeder Edelstein hat eine spezifische Energie bzw. Schwingung. Auf dem Medizinrad wird jeder Geburtszeit ein Stein zugeordnet, dessen Energie in Resonanz steht mit dem Wesen der in dieser Zeit geborenen Menschen. Durch diese »Seelen-Verwandtschaft« kann der jeweilige Stein den Menschen in Harmonie mit der Erde bringen und sein inneres Gleichgewicht wiederherstellen. Er kann gute Eigenschaften verstärken und weiterentwickeln und ihm die Fähigkeiten verleihen, die er benötigt.

Polierter Türkis

Der Türkis wurde als »Stein des Himmels« bezeichnet und verkörpert den Bereich der Mystik. Er wurde auch wegen der Intensität seiner Farbe sehr geschätzt.

ENERGIERESONANZ

Otter-Menschen haben eine Affinität zum Türkis, einem himmel- bis grünblauen Stein, der schon seit über 3000 Jahren abgebaut wird. Der Türkis soll sehr empfindlich reagieren: Wenn der Träger sich unwohl fühlt oder in Gefahr schwebt,

DEINEN STEIN AKTIVIEREN

Der Türkis wird unter fließendem kaltem Wasser gereinigt und sollte dann an der Luft trocknen. Danach führst du ihn mit beiden Händen zum Mund und bläst drei- bis viermal kräftig darauf, um ihn so mit deinem Atem zu durchdringen und zu prägen.

Jetzt nimmst du den Stein fest in eine Hand und heißt ihn als Freund und Helfer in deinem Leben willkommen.

Wenn du unter Streß stehst oder Schwierigkeiten hast, genau auszudrücken, worum es dir geht, kannst du mit dem Türkis meditieren. Dazu suchst du dir ein ruhiges Fleckchen, setzt dich – die Füße auf dem Boden – hin und legst dir den Stein mit der rechten Hand an den Hals, und zwar direkt an die Stelle, wo du deinen Kehlkopf spürst. Konzentrier dich auf den Stein, und laß ihn alle Negativität, die deine Gedanken überschattet, vertreiben und dich zur Klarheit führen. Hör auf die leise Stimme deines Inneren Selbst.

soll sich sogar seine Farbe verändern. Die Indianer trugen ihn zum Schutz vor Verletzungen, vor allem vor Knochenbrüchen. Er wurde als Heilstein, der den Körper stärkt und jegliche Störung behebt, sehr geschätzt.

Otter-Geborene kann der Türkis wirkungsvoll vor emotionalen Störungen schützen, indem er ihnen hilft, auch unter Druck ihr inneres Gleichgewicht zu wahren. Als symbolische Verbindung zwischen Himmel und Erde – dem spirituellen und dem praktischen Bereich – bringt der Türkis diese beiden Aspekte ins Gleichgewicht. Er soll auch Klarheit vermitteln und so die Kommunikation fördern.

Die Macht des Türkis

Trage immer einen Türkis bei dir, und bewahre auch zu Hause gut sichtbar einen Türkis auf.

»Die Kontur des Steines ist rund; die Macht des Steines ist unendlich.« *Lehre der Lakota-Sioux*

BAUM-AFFINITÄT
ESCHE

WER SICH MIT SEINEM »SEELEN-BAUM« VERBINDET, GELANGT ZU EINEM TIEFEREN VERSTÄNDNIS SEINER EIGENEN NATUR UND KANN DIE IN IHM SCHLUMMERNDEN KRÄFTE WECKEN.

Bäume sind von außerordentlich großer Bedeutung für die Erhaltung der Natur und des atmosphärischen Gleichgewichts – eine wesentliche Voraussetzung für das Überleben der ganzen Menschheit.

Die Indianer bezeichneten Bäume als das »Stehende Volk«, denn sie stehen fest und sicher da und beziehen ihre Kraft aus der Verbindung mit der Erde. So lehren sie uns Menschen, wie wichtig es ist, geerdet zu sein und zugleich nach höheren Werten zu streben. Wer Bäume als lebendige Wesen achtet, kann mit ihrer Hilfe Einsicht in die Abläufe in der Natur und auch im eigenen Inneren gewinnen.

Auf dem Medizinrad wird jeder Geburtszeit ein bestimmter Baum zugeordnet, dessen Grundeigenschaften das Wesen der in dieser Zeit geborenen Menschen mit beeinflussen. Der Baum der Otter-Menschen ist die Esche. Ihre wesentlichen Eigenschaften sind Widerstandsfähigkeit und Elastizität. Das Holz der Esche wird so vielfältig eingesetzt, wie der schöpferische und dynamische Otter-Mensch Ideen und Pläne hat. Dieser hohe Baum hat tiefreichende Wurzeln, die seiner erhabenen Krone ein festes Fundament verleihen. Otter-Menschen sind

DICH MIT DEINEM BAUM VERBINDEN

Schätze die Schönheit deines Seelen-Baumes; lerne seine Natur gründlich kennen, denn sie entspricht deiner eigenen.

Die Esche ist ein hoher, majestätischer Baum mit tiefreichenden Wurzeln, dicken Ästen und Samenkapseln, die der Wind weit fortträgt. Das Holz dieses widerstandsfähigen und elastischen Baumes wurde vielfältig verwendet – von Balken und Möbeln bis hin zu Bogen und Speeren.

Die folgende Übung kann dir helfen, deine innere Kraft neu zu beleben: Du stehst neben deinem Seelen-Baum, legst die Handflächen an den Stamm und die Stirn auf die Handrücken. Dann atmest du langsam ein und spürst, wie die Energie aus den Baumwurzeln durch deinen Körper strömt. Du kannst dir auch einen Zweig oder ein Stück Holz deines Seelen-Baumes besorgen und als Totem und Helfer aufbewahren.

Visionäre und Reformer, doch manche ihrer Ideen scheitern an der Praxis. Also müssen sie lernen, ihre Ideen in der Wirklichkeit zu verwurzeln. Durch die Verbundenheit mit ihrem Baum können Otter-Menschen auf die starke Verbindung der Esche mit der Erde zurückgreifen (s. Kasten oben).

FLEXIBEL UND DOCH STARK

Otter-Geborene sind innovativ, dynamisch und haben viel Organisationstalent. Sie neigen aber dazu, sich zu viele Verpflichtungen aufzubürden. Weil sie sich von einem Vorhaben ins nächste stürzen, kann es zu Enttäuschungen kommen.

Eine der größten Herausforderungen für Otter-Menschen ist die Umsetzung von Visionen in die Realität. Wie die Flexibilität der Esche auf großer Kraft beruht, brauchen auch Otter-Geborene Ausdauer, um ihr Ziel zu erreichen. Sie können sich auf die Kraft der Esche stützen. Ihre Unverwüstlichkeit kann ihren Geist stärken und ihnen helfen, zentriert zu bleiben; so können sie größere Erfüllung finden.

»Alle Heilpflanzen werden uns von Wakan-Tanka geschenkt, deshalb sind sie heilig.« *Lehre der Lakota-Sioux*

FARB-AFFINITÄT
SILBERGRAU

WER SEINE POSITIVEN EIGENSCHAFTEN VERSTÄRKEN MÖCHTE, KANN MIT HILFE DER »SEELEN-FARBE« SEINEN EMOTIONALEN UND MENTALEN ZUSTAND GÜNSTIG BEEINFLUSSEN.

Jede Geburtszeit hat eine Affinität zu einer bestimmten Farbe, die am besten mit den Energien der Menschen harmoniert, die in dieser Zeit geboren werden. Diese Farbe hat einen positiven Einfluß auf die emotionale und mentale Ebene des Menschen; Farben, die nicht zur Seelen-Farbe passen, haben dagegen eher negative Auswirkungen.

Die Farbe der Otter-Menschen ist Silbergrau – die Farbe des Intellekts und des Mondlichts. Silbergrau steht für geistige Beweglichkeit, Wahrnehmungsvermögen und Intuition, aber auch für Einfalls- und Erfindungsreichtum, gepaart mit Konzentration und Klarheit. Silbergrau gilt als die Farbe der Redlichkeit und des Vertrauens und verkörpert Lebendigkeit, Idealismus, Integrität

Farbsystem

Damit die Farb-Affinität voll zum Tragen kommt, sollte Silbergrau als Grundfarbe in deiner Wohnung vorherrschen – von der Einrichtung und den Teppichen bis hin zu den Accessoires.

DEINE FARBE EINATMEN

Nimm einen kleinen Gegenstand aus Silber – z. B. ein Döschen –, und polier ihn, bis er richtig glänzt und funkelt. Dann legst du ihn in die Nähe eines offenen Fensters und stellst dich davor. Die Füße sollten dabei etwas mehr Abstand voneinander haben, damit das Gewicht gleichmäßig verteilt ist.

Konzentrier dich auf die Farbe, und atme langsam durch die Nase ein. Stell dir dabei vor, daß die eingeatmete Luft die Farbe des Gegenstandes hat. Dann hältst du die Luft ein paar Sekunden an und fühlst, wie die Farbe durch deinen ganzen Körper strömt und jede Zelle mit Energie auflädt. Jetzt atmest du wieder aus. Nach einer kleinen Pause wiederholst du diese Übung – mindestens drei bis fünf Minuten lang –, damit sie ihre positive Wirkung voll entfalten kann.

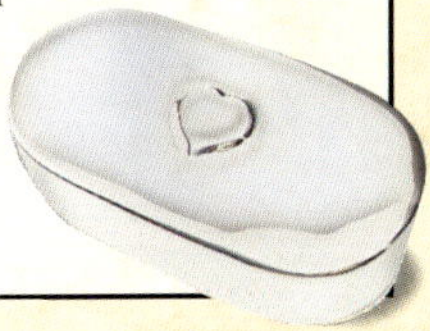

und die Fähigkeit, entschlossen zu seinen Grundsätzen zu stehen – in welcher Situation auch immer.

FARBWIRKUNG

Mit Silbergrau in allen Schattierungen in der Wohnung können Otter-Menschen ihre Aura und ihre positiven Eigenschaften verstärken. Ein paar Farbtupfer machen bereits einen großen Unterschied. Ein silbernes Motiv auf Tapeten oder Vorhängen kann beispielsweise die Atmosphäre im Zimmer verändern. Oder wie wäre es mit einem großen, in Silber gerahmten Spiegel an der Wand oder Photographien im Silberrahmen auf dem Kaminsims?

Wer sein Selbstvertrauen stärken will, kann etwas aus Silber tragen: eine Brosche, eine Halskette oder Manschettenknöpfe. Wann immer du nicht ganz »auf dem Damm« bist und dir die nötige Energie fehlt, kann dir die oben beschriebene Farbatmung helfen, emotional ins Gleichgewicht zu kommen, die Kreativität anzuregen und dich einfach besser zu fühlen.

»Der Macht des Geistes sollte Ehre erwiesen werden mit seiner Farbe.« *Lehre der Lakota-Sioux*

DIE ARBEIT MIT DEM MEDIZINRAD
DER LEBENSWEG

DAS GEBURTSPROFIL KANN ALS AUSGANGSPUNKT FÜR DIE CHARAKTERLICHE ENTWICKLUNG UND DEN WEG ZU PERSÖNLICHER ERFÜLLUNG BETRACHTET WERDEN.

Jede der zwölf Geburtszeiten entspricht auch einem bestimmten Lernprozeß bzw. bestimmten »Lektionen«, die uns das Leben abverlangt. Wer sich auf diesen Lernprozeß einläßt, kann Stärken statt Schwächen entwickeln, in größerer Harmonie mit der Welt und den Menschen leben und zu innerem Frieden finden.

DER LERNPROZESS DES OTTERS

Als erste Lektion müssen Otter-Menschen lernen, das Leben als kontinuierlichen Entwicklungsweg zu betrachten: Aus alten Erfahrungen gehen neue hervor, und Kämpfe und Herausforderungen der Vergangenheit führen zu Erfolgen in der Gegenwart. Neue Erfahrungen, Beziehungen und berufliche Möglichkeiten sollten in einen Bezug zur Vergangenheit gesetzt werden, um alte Fehler nicht zu wiederholen und sein Verhalten den neuen Umständen anzupassen. So kann sich die Persönlichkeit ständig weiterentwickeln,

»Der Weg jedes Menschen zeigt sich in seinem Herzen. Dort sieht er die ganze Wahrheit des Lebens.« *Lehre der Cheyenne*

und die Erfolgschancen für die Zukunft steigen – in der Liebe wie auch im beruflichen Bereich.

Otter-Menschen sollten zudem lernen, ihre Visionen in die Praxis umzusetzen. Wieder einmal eine neue Idee? Diesmal solltest du sie sorgfältig analysieren und in ihre Einzelteile zerlegen. Dann kannst du überlegen, wie jeder Teilaspekt realisiert werden kann, und alles angehen, was dazu nötig ist. Schritt für Schritt kannst du so dein großes Ziel erreichen.

Die dritte Lektion für Otter-Geborene heißt: den nötigen Mut und die Entschlußkraft entwickeln, um die Ideen wirklich in die Praxis umzusetzen – auch wenn es dabei immer wieder zu Enttäuschungen und Rückschlägen kommt. Ohne Anstrengung läßt sich kaum etwas von bleibendem Wert erreichen. Jedes Hindernis sollte als Herausforderung betrachtet werden; ist es erst einmal gemeistert, stellt es einen Meilenstein auf dem Weg zum letztendlichen Ziel dar.

DIE ARBEIT MIT DEM MEDIZINRAD

DIE MACHT DER MEDIZIN

DIE KRAFT DER ANDEREN ELF GEBURTSZEITEN SOLLTE GENUTZT WERDEN, UM SCHWÄCHEN IN STÄRKEN ZU TRANSFORMIEREN UND DEN HERAUSFORDERUNGEN DES LEBENS ENTGEGENZUTRETEN.

Auf dem Medizinrad ist das ganze Spektrum menschlicher Eigenschaften und Fähigkeiten repräsentiert. Die Totems und Affinitäten jeder Geburtszeit weisen auf die Grundeigenschaften der in dieser Zeit geborenen Menschen hin.

Komplementär-Affinität

Der Lachs setzt seine Ideen mit wesentlich mehr Entschlossenheit in die Tat um als der Otter.

Wer wissen möchte, welche seiner Persönlichkeitsaspekte gestärkt werden müßten, sollte sich zuerst mit seinem »Lernprozeß« befassen (s. S. 42–43). Danach läßt sich anhand der anderen Geburtszeiten herausfinden, welche Totems und Affinitäten bei dieser Aufgabe helfen könnten. Das Elementprofil des Otters ist Luft von Luft (s. S. 34–35); zum Ausgleich braucht der Otter die Stabilität der Erde, die Anpassungsfähigkeit des Wassers und die Begeisterungsfähigkeit des Feuers. Das Elementprofil des Falken ist Feuer von Feuer, das des Braunbären Erde von Wasser, und Schlangen-Geborene haben Wasser von Erde; über diese Geburtstotems solltest du meditieren. Auch die Profile der beiden anderen Zeichen deines Elemente-Klans können helfen – Hirsch und Krähe; so läßt sich herausfinden, wie der gleiche Elementaspekt unterschiedlich zum Ausdruck kommen kann.

Eine weitere Hilfe kann das gegenüberliegende Geburtstotem (Polaritätstotem) sein; es weist charakteristische Eigenschaften auf, die das eigene Totem ergänzen. Das ist die sogenannte »Komplementär-Affinität«, im Fall des Otters also der Lachs.

WESENTLICHE STÄRKEN

Nachfolgend werden die wesentlichen Stärken der einzelnen Geburtstotems beschrieben. Wer eine schwach ausgebildete oder in einer bestimmten Situation benötigte Eigenschaft verstärken möchte, kann über das Geburtstotem meditieren, das diesem Wesenszug entspricht. Beschaff dir etwas, was dieses Totem verkörpern kann – eine Klaue, einen Zahn, eine Feder, ein Bild oder einen Ring. Laß so die Kraft, die es symbolisiert, zu deiner eigenen werden.

Falken-Medizin steht für die Kraft der scharfen Beobachtung und die Fähigkeit, entschlossen und tatkräftig zu handeln, wann immer das nötig ist.

Biber-Medizin entspricht der Gabe des kreativen und lateralen Denkens; so lassen sich alternative Möglichkeiten entwickeln, Dinge zu betrachten oder auch zu tun.

Hirsch-Medizin zeichnet sich aus durch ein sicheres Gespür für die Absichten anderer Menschen und für alles, was dem eigenen Wohlbefinden schaden könnte.

Specht-Medizin beinhaltet die Fähigkeit, einen beständigen Rhythmus im Leben zu entwickeln und beharrlich das zu schützen, was einem lieb und teuer ist.

Lachs-Medizin steht für die Stärke, mit Mut und Entschlossenheit seine Ziele auszuwählen und genug Ausdauer aufzubringen, um eine Aufgabe bis zum Ende zu verfolgen.

Braunbär-Medizin verkörpert große Energie und die Fähigkeit, hart zu arbeiten, in Zeiten der Not anderen ein verläßlicher Freund zu sein und aus seiner inneren Kraft zu schöpfen.

Krähen-Medizin entspricht der Fähigkeit, negative oder unproduktive Situationen in positive umzuwandeln und sich über Grenzen hinwegzusetzen.

Schlangen-Medizin steht für das Talent, sich veränderten Umständen leicht anpassen zu können und Übergangsphasen gut in den Griff zu bekommen.

Eulen-Medizin beinhaltet die Kraft, in Zeiten der Unsicherheit klar zu sehen und sein Leben konsequent nach seinen langfristigen Plänen auszurichten.

Gans-Medizin entspricht dem Mut, sich seine Ideale unter allen Umständen zu bewahren und sich im Leben an seine Prinzipien zu halten.

Otter-Medizin verkörpert die Fähigkeit, sich mit seinem Inneren Kind zu verbinden, innovative und idealistische Ansätze zu vertreten und die Routine des Alltags voll und ganz zu genießen.

Wolf-Medizin steht für den Mut, sich eher nach seiner Intuition und seinem Instinkt zu richten als nach seinem Intellekt und Mitgefühl für andere Menschen aufzubringen.

Wolf
Otter
Gans
Eule
Schlange
Krähe